Herzwehen

60 Gedichte von Hans Jürgen Sittig

Titelmotiv „Herz":

Hans Christian Sittig

Über den Autor:

Hans Jürgen Sittig wurde Ende des 20. Jahrhunderts
(vermutlich 12.10.1957) in einem abgelegenen Bergdorf in der
Eifel (namens Mayen) geboren. Als Biologiestudent begann er
mit dem Schreiben und Fotografieren für insgesamt 29
verschiedene Zeitschriften und Magazine, insbesondere zu den
Themen Natur, Reisen und Fallschirmspringen.
Als freier Fotojournalist, Journalist und Reiseschriftsteller hat er
sich schließlich auch in seinen Büchern und Fotokunst-Kalendern
überwiegend mit den skandinavischen Ländern befasst. 2010
erscheint sein erster Roman.
Die in diesem Gedichtband offenbarte Freude am Spiel mit
Worten ist nur ein Teil seiner Spielfreude: Er spielt auch Klavier,
Theater (TalTonTheater Wuppertal) und seit einigen Jahren
regelmäßig Hauptrollen in kleinen Fernsehproduktionen bei RTL
und SAT 1.

Foto 2009

*Wir verlassen uns immer mehr auf unseren
unzulänglichen „Verstand" und vertrauen immer
weniger unserer Intuition, der Weisheit unserer
Seele und unserer inneren Stimme, der
Stimme unseres Schutzengels*

Herzwehen

Herstellung und Verlag:
Books on Demand GmbH, Norderstedt

ISBN 9783837050028

2009

Inhalt

Menschliches

Tierisches

Herzliches

Menschliches

Ihr zum Geburtstag

Es scheint ein Tag wie andre auch
So scheint es allen, die's nicht wissen
Doch - ist es auch kein alter Brauch -
Es ist ein Tag zum Fahnenhissen

Ruft ihren Namen in den Straßen und den Gassen
Lasst Wasser in die Brunnen und verziert die Uhren
Die andren Namen mögen auf den Schildern ganz verblassen
Und legt die besten Teppiche in allen Fluren

Keine Wolke soll die Sonnenstrahlen stören
Auf dem Weg in ihr bezauberndes Gesicht
Musik sei überall zu hören
Und Straßenlärm gibt's heute nicht

Für Girlanden sammelt Blüten
Schmückt Fenster, Türen, alle Wege
Stellt Wächter auf sie zu behüten
Bis sie sich froh zum Schlafen lege

Schenkt ihr heut alle Tänze
Und legt die Rosen ihr zu Füßen
Und flechtet ihr die schönsten Kränze
Bestellt den Regenbogen sie zu grüßen

Ermuntert Vögel zu den schönsten Liedern
Erlaubt dem Wind ein zartes Wehen
Stellt Pfauen auf in Prachtgefiedern
Ich will sie heute glücklich sehen

Still ist das Haus

Still ist das Haus
Die Worte sind verbannt aus allen Räumen
Auch die Gedichte trug man längst hinaus
Und Stille lässt uns nur noch träumen

Schließt nun die Türen und die Fensterläden auch
Und lasst den Schlüssel auf den Stufen
Ein Blick zurück verweht als letzter Hauch
Hört auf nach dem Verlorenen zu rufen

Nun Brüder, Schwestern
Macht Euch jetzt auf den Weg ins Morgen
Schaut mutig nur nach vorn und nicht ins Gestern
Auch wenn Euch Ungewissheit quält mit Sorgen

Den neuen „Weg" - den findet ihr nicht draußen
Er ist schon längst in Euch, in Eurer Seele Tiefe
Man sieht ihn nicht von außen
Doch er war immer da - als ob er schliefe

Fühlt ihr die Hoffnung auch nur schwach
Verzweifelt nicht und habt Vertrauen
Stimmt an ein Lied und bleibet wach
Bald werdet ihr der Liebe in die Augen schauen

Mutters Rat

Mein liebes Kind Du hast nun alle Chancen
Machst Du dem Richtigen Avancen.
Vergiss Romantik und verschmäh den Held.
Auf eines kommt's nur an: Auf Geld!

Denk bloß an Onkel Erwin aus Neuwied
Ein Jammer dass er früh verschied
Wir waren alle so betroffen
Nun ja, er hat sehr viel gesoffen

Doch hinterließ er Irmtraud Millionen
Jetzt lässt sie ihre Dackel klonen
Und kauft sich auch ne Villa auf dem Mond
Weil reduzierte Schwerkraft ihre Falten schont

Und Lieschen Müller nahm sich nen Chinesen
Sie ist auch wieder voll genesen
Er schlug ihr neulich in den Bauch
Das machen andre Männer auch

Ansonsten ist's ein ganz ganz Lieber
Er ist zwar Waffenschieber
Doch er kommt überall gut an
Selbst in der Bank des Vatikan

Susanne hat 'nen Orthopäden
Ihr Haus hat gold'ne Fensterläden
Und einen Gärtner haben sie auch
Mit einem tollen Waschbrettbauch

Ihr Mann hat wenig Zeit für Ehepflichten
Es dauert halt so lang – das Knochenrichten
Derweil studiert sie jede Blumenzwiebel
Und liest mit ihrem Gärtner in der Bibel

Und Mechthilds Alter – gut dass ich's erwähne:
Ihm fehlen zwar schon alle Zähne
Doch baut er ihr ein Schloss – wie von Monarchen
Und: Er kann Schuberts Symphonien schnarchen

Du siehst: Triffst Du die richt'ge Wahl
So wird nur eine Frage Deine Qual:
Was zieh ich an? Die Nerze und ein Kilo Gold ?
Drum sei nicht dumm: Sei reichen Männern hold

Ein Mensch

Ein Mensch - ganz schön und wohlgeraten -
Und gut gelaunt - nach Schweinebraten -
Nur mittelgroß und gar kein Hüne
Betritt gespannt die Weltenbühne

Was gibt's zu tun, was könnt er schaffen
Als Kommunist, als Mitglied bei den Pfaffen
Als Straßenfeger, Juwelier,
Oder lieber gleich Hartz IV ?

Nein nein, er will sich erst erproben
Dass ihn die andern kräftig loben
So siebt er die Ideenfülle
Und sein Genie macht Bier aus Gülle

Der Beifall wächst - und so das Geld
Die Welt hat einen neuen Held
Die hat zwar auch schon große Risse
Doch er wird reich mit Schweinepisse

Noch immer ist er nicht zufrieden
Erst fünfmal wurde er geschieden
Und seine Kinder - kennt er nicht.
Die WELT ist schließlich seine Pflicht

Sein nächster Hit - man kann es raten
Ist Kuhmist, kräftig durchgebraten.
Er sammelt ihn auf allen Wiesen
Und löst die Welternährungskrisen

Sein Tun dient nur dem Menschheitswohle
Aus Ehrfurcht schmelzen schon die Pole
Jetzt soll er den Nobelpreis kriegen
Und darf dafür nach Schweden fliegen

Doch diese Frage will nicht ruh'n:
Was könnte er NOCH Großes tun
Und von der Frage ganz besessen
Sitzt er beim letzten Mittagessen

Er sieht das Steak auf seinem Teller
Und sein Puls wird immer schneller
Er will es ganz am Stück verschlingen
Vergeblich ist der Ärzte Ringen.

Hätt' er doch auch nur „Mist" gegessen
Hätt' länger er am Tisch gesessen
Denn Taten unvernünft'gen Strebens
Führ'n manchmal zum Verlust des Lebens

Am Ufer

Lichtreflex am Flussgestade
Fische still im Wellenbade
Schwanenhals fast ausgerenkt
Als man trocken Brot ihm schenkt

Radler schwitzen, Hunde kläffen,
Onkel schimpft mit seinem Neffen
Nacktes Paar im Gras beim Flüstern
Opas Blick ganz scharf und lüstern

Picknick nur mit Erdbeerkuchen
Angler flucht beim Würmersuchen
Schiffsgetucker, Entgeschnatter
Schlauchboot wird nach Einstich platter

Wolken schieben sich ins Licht
Oma spürt schon ihre Gicht
Abendkühle – Zeit zu gehen
Opa hört auf Omas Flehen

Frösche fangen an zu quaken
Nacht spannt sternbedecktes Laken
Mond folgt langsam seinem Pfade
Lichtreflex am Flussgestade

In den Ruinen

Die Jahre geh'n durch leere Straßen
Aus alten Blumenkästen wuchert das Vergessen
Die Bilder der Erinnerung verblassen
Hat auf der Schaukel überhaupt jemals ein Kind gesessen ?

Unter allen Dächern nisten Sorgen
In Nestern aus verdorrtem Glück
Und brüten aus die Angst vor Morgen
Kein Weg führt in die Zukunft, und keiner führt zurück

Die Ufer voll zerbrochner Wellen
Das Wasser liegt erschlagen in den Meeren
Aus denen laut die Schreie toter Fische gellen
Die ihre Bäuche hoch zum Himmel kehren.

In den Ruinen hängen dürre Worte wie magre Schwestern
Am Galgen der Verständnislosigkeit
Das Heute ist verpasst, Die Zukunft ist von gestern
Und zur Vergangenheit ist es noch weit

Dein Stern

Gib die Hoffnung nicht auf.
Und gib Dein Lachen nicht auf.
Du bist nicht allein!
Für jede große Liebe leuchtet ein Stern.
Du hast Deinen wohl noch nicht gesehen?
Aber er ist da ! Ja - es leuchtet solch ein Stern auch für Dich.
Siehst Du ihn denn nicht, dort oben, gleich zwischen den
7,98 Milliarden im südwestlichen und den 9,42 Milliarden
im südöstlichen Viertel. Ja, genau dort.
Er strahlt im Moment vielleicht etwas schwach.
Aber er ist nicht erloschen.
Darum - gib die Hoffnung nicht auf!
Und nicht Dein Lachen!
Du bist nicht allein.
Und Du wirst Deiner Liebe begegnen!

Mann sein

Sie kriechen zwar nicht mehr auf allen Vieren
Doch ähnelt ihr Geruch nicht selten dem von Tieren
Denn manche tun sich schwer mit rechter Pflege
Und gehen Shampoo und auch Seife aus dem Wege

Und reinigen sie doch mal ihre Poren
Vergessen sie hernach dann doch die Ohren
Und die, die ihre Wäsche wechseln - vielleicht schon nach 2 Wochen -
Die ruinieren ihren Ruf dann doch beim Kochen

Es ist so schwer der „richt'ge" Mann zu sein
Man(n) ist zu groß – oder zu klein
Unüberschaubar wölbt sich mancher Bauch
Und Bart stört viele Frauen auch

Doch Männer – ihr müsst nicht verzagen
Ihr könnt das Leben weiter wagen
Denn selbst der Eber kriegt ne Frau
Und die - die ist ne richt'ge Sau

Ein Taucher

Er steigt auf aus Meerestiefen
Kommt obwohl wir ihn nicht riefen
Steckt ein Rohr in seinem Mund
Lang und blau und ziemlich rund

Kopf und Körper völlig nass
Augen hinter Plexiglas
Ist das Wasser ihm zu kalt
Oder ist es ihm zu alt

Will er uns nun etwas sagen
Will an Land er sich nun wagen
Will er sich bei uns beklagen
Wird er sich mit uns vertragen

Will er vielleicht Fisch in Dose
Sucht er seine Badehose
Seht ihr seine starken Finger
Oberkörper wie ein Ringer

Oben hat er Sommersprossen
Unten hat er schwarze Flossen
Eigenartig ist er schon
Vielleicht ist er Neptuns Sohn

Mit der Bahn

Hauptbahnhof ist voller Leute
Wollen fahr'n – wenn's geht noch heute
Warten heißt hier die Devise
Vaters Stimmung wird ganz miese

Zug kommt an - zur falschen Zeit
Mutter schimpft, das Baby schreit
Alles strömt in die Abteile
Zug steht noch ne ganze Weile

Endlich fährt er doch noch weiter
Baby wird davon nicht heiter
Vater brummt in seinen Bart
Zug kommt immer mehr in Fahrt

Manchmal hält er und macht Beute
Und bald ist er voller Leute
Dicht gedrängt wie Ölsardinen
Reisen sie auf Eisenschienen

Zug kommt viel zu spät ans Ziel
Weg ist schon der Zug nach Kiel
Vater flucht ganz laut vor Wut
Jetzt – wo's Baby endlich ruht

Oma an der Ostseeküste
Wäre traurig wenn sie's wüsste
Anruf nimmt ihr dann die Sorgen
Vielleicht klappt's per Bahn ja morgen

Zerreiße

Zerreiße Dein Verließ
In dem Dein Leben ruht
Das Dir einst Glück verhieß
Nun wird es doch noch gut

Zerbrich Dein Zaudern und Dein Zagen
Erneuere Dein Blut
Zerstreu die Ängste die Dich plagen
Und gib Dir neuen Mut

Leg tief ins Herz Dir Zuversicht
Denn Sonne folgt auf Regen
Und wenn der neue Tag anbricht
Dann folge bessren Wegen

Der Mensch

Der Mensch ist doch sehr schnell zufrieden
Statt Kinder hält er Hund und Ziegen
Die Oma wirft er früh ins Heim
Und schickt ihr sonntags Haferschleim

Den Jäger freut ein Loch im Reh
Auch Doofe mögen Milchkaffee
Selbst die sich plagen mit Furunkeln
Sehn nachts entzückt die Sterne funkeln

Jetzt braucht der Mensch nicht mal mehr Ferien
Denn es gibt tolle Fernsehserien –
Man kann sich ganz darin versenken
Und schont dabei auch noch das Denken

Die Welt dreht noch ne letzte Runde
Und geht gemütlich dann zugrunde
Der Mensch: Dem ist das doch egal
Er lebt längst im TV-Kanal

Apfelbäumchen

Ich mag ein Apfelbäumchen sein
Von Blüten voll, und ohne Früchte
Das Blütentragen wär' mein ganzes Sein
Und dass es Äpfel gibt – dass sind doch nur Gerüchte

Denn Schall und Rauch sind alle Namen
Kein Mammut hängt am Mammutbaum
Auch er entstand aus kleinem Samen
Und ist – wie ich – schön anzuschau'n.

Das Ziel

Der Fluss liegt schwer im ungemachten Bett
Und lehnt sich still und wellenlos ans steinige Gestade
Und tief im Dunkel der grauen Flut treibt ein Fischskelett
Als strebte es zu einem Ziel auf vorbestimmtem Pfade

Doch was ist noch ein Ziel, dem man nur tot entgegentreibt
Wenn nicht zuvor das Leben selbst als Ziel uns seine Fülle gab
Von der uns etwas tief in unsrer Seele bleibt
Und das uns bleibt noch weit hinaus über das Grab

Ende und Anfang

Und wenn der fahle Mond sich still in meinem Herz verzweigt
Und wenn der schwarze Vogel nach dem letzten Liede schweigt
Dann lasst mich ein, wenn ich nach meines Lebens letzter Woche
Mit stummem Herzen und erschöpft an Eure Pforte poche

Dann seht mich an – ganz kahl und grau kehr ich zurück
Doch nehmt mein Äußeres nicht als Maß von meinem Glück
Zwar kehr ich heim mit leeren Händen und mit leeren Taschen
Doch umso mehr mag Euch die Fülle meines stillen Herzens
freudig überraschen

Denn dieses Leben, das ich nun auf eines Größeren Geheiß
verlasse
War mir nur manchmal eine düstere und angsterfüllte Gasse
Meist war es doch ein heller Weg unter dem Regenbogen großer
Lebensfreude
Dass es mir schien als ob des Lebens Fülle sich an mich mit aller
Kraft vergeude

So lasst mich ein, dass ich nach diesem Weg durch meine
Lebensjahre
Für eine Weile Ruhe finde auf der für mich bestimmten Bahre
Dort in dem großen Saal, der alle Lebenswanderer und
Wartenden vereint
Durch dessen hohe Fenster schon das frühe Morgenrot des
nächsten Lebens scheint

Hier lasst mich eine Weile ruhen, dass ich mich besinne
Und für mein nächstes Leben wieder Kraft und Zuversicht
gewinne
Dass ich dann trotz der auch erlebten schweren Tage
Mein neues Leben als Seele eines andern Kindes wieder mutig
wage

Tierisches

Der Frosch Caruso

Caruso hieß ein Frosch – ein dicker
Mit Augen gelb und groß wie Klicker
Der lebte ganz für seine Pflicht
Die Arie im Abendlicht

Die andern Frösche hatten's schwer
Sein Sang war schmerzhaft für's Gehör
Sie konnten sich nicht dran gewöhnen
An sein Konzert aus falschen Tönen

Als Publikum war'n auserkoren
Fast alle Tiere - ohne Ohren
Auch Fische, Molche, Wasserschlangen
Konnt' er mit seinem Charme umfangen

Dann fing er immer früher an
Mit falschem Ton im Froschsopran
Doch störte das nicht das Entzücken
Von Egeln, Asseln und von Mücken

Entsetzen machte dann die Runde
Als er auch sang zur Mittagsstunde
Selbst Opa Frosch, mit Stock und Gicht
Verzog ganz furchtbar sein Gesicht

Doch größer wurde noch der Schrecken:
Er wollt die andern singend wecken
Und zu der allerfrühsten Stunde
Quoll schon Gesang aus seinem Munde

Verzweiflung machte sich jetzt breit
Der Schwarzspecht trug ein Trauerkleid
Dem Biber riet die Krankenkasse
Dass er die Biberburg verlasse

Man fragte nach beim Präsident
Weil der doch jede Antwort kennt
Dem roten Kreuz sandt' man ein Fax
Und bat um drei Sack Ohropax

Dort war man gänzlich überfordert
Ein Krisenstab wurde beordert
Man wusste nicht des Preises Höhe
Bei Ohropax für Wasserflöhe

So kam sie denn zu spät - die Hilfe
Und Panik lag über dem Schilfe
Und Freund und Feind, sogar der Reiher
Sie flüchteten zum nächsten Weiher

„Caruso" nahm das gar nicht wahr
In seinem Rausch als „Opernstar"
Und sang noch lauter und ganz munter
Und tauchte nicht ins Wasser unter

Als dieser Vogel schwebte nieder
Gelockt durch seine „schönsten" Lieder
„Caruso" sagte: „Still – und horch"
Doch - fraß ihn dann der Storch

Und die Moral von der Geschicht' ?
Die wusste Opa Frosch – trotz Gicht:
Man sollte manche Namen meiden
Damit nicht alle drunter leiden

Ein Glück: Hätte man „Nero" ihn genannt
Dann wär' der Teich wohl abgebrannt

Der Aal

Es kam der Tag da wurd' dem Aal
Das Schwimmen mehr und mehr zur Qual
Das Schlängeln schmerzte fürchterlich
Und so schwamm er zum Doktorfisch

Nach intensiver Anamnese
Riet der zu einer Hüftprothese
Dem Aal wurde ganz unbehaglich
Die Diagnose schien ihm fraglich

Solch Urteil wollt er nicht ertragen
Und lieber noch wen anders fragen
Und so schwamm er zum alten Rochen
Der hat ganz würdevoll gesprochen:

Sie haben keinen Grund für Sorgen
Ich kümmere mich drum – gleich morgen
Ganz sicher kommt's vom rechten Knie
Wir wissen's nach der Autopsie

Da ging's dem Aal nicht wirklich besser
Statt dessen wurd' er blass und blässer
Er wand um seinen Hals nen Schal
Und schwamm dann hin zum Buckelwal

Der sprach: Ei - was beklagst Du Dich
Du bist ein schöner, schlanker Fisch
Ich musst schon immer Buckel tragen
Und niemals hörte man mich klagen

Ich war schon immer ziemlich dick
Zwar fand das meine Oma schick
Doch als ich liebte einen Hering
Fand sich für mich kein einz'ger Eh(e)-Ring

Dem Hering war die Ehe wichtig
Und so wurd' unsere Bindung nichtig
Seitdem versuch ich's mit Diäten
Und plage mich an Sportgeräten

Dem Aal wurd' dieser Vortrag lang
Ihm wurde schlecht, ihm wurde bang
Dann das Gefühl zu explodieren – nur ganz kurz
Bis ihm entwich ein mächt'ger ....

So wurde ihm der Rat der Ärzte schnuppe:
Es waren doch nur Blähungen - nach aufgewärmter
Muschelsuppe
So hat noch manche große „Qual" nur einen „kleinen" Grund
Und mahnt zu Vorsicht - bei Diagnosen aus Ärztemund

Das Nilpferd Gerd

Das Nilpferd Gerd war ziemlich eitel
Vom hintern Ende bis zum Scheitel
Er hasste auch sich zu versauen
Und ließ sich eine Dusche bauen

Gerd mied auch seine Artgenossen
Die viel zu oft mit Schlamm begossen
Statt dessen ging er eigne Wege
Und frönte oft der Körperpflege

Trotzdem war er von sanftem Wesen
Und liebte sehr das Zeitungslesen
Da las er eines Tags von Pferden
Sie sei'n das schönste Tier auf Erden

Ein Foto brachte den Beweis
Darauf ein Schimmel, groß und weiß
Mit schwarzen Augen voller Glanz
Und hinten dran - ein Pferdeschwanz

Jetzt wusste Gerd was er begehrte
Was er als Pferd vom Nil entbehrte
Sein Pferdeschweif - das war der Gipfel
War lediglich ein kleiner Zipfel

Ein Schmerz den armen Gerd durchzuckt
Im Lexikon stand abgedruckt:
Das Nil-Pferd sei verwandt mit Schweinen
Mit großem Kopf und Schwanz, 'nem kleinen

Die Nachricht tat den Gerd entsetzen
Und in der Seele tief verletzen
Sein Selbstbewusstsein wurd' ganz klein
Denn jetzt war klar: Er war ein Schwein

Wie sollte er das nur ertragen
Sein Kummer schlug ihm auf den Magen
Drei Tage lag er in der Ecke
In einem seiner Grasverstecke

Bis Harald sein Cousin ihn fand
Der nahm ihn mit zum Badestrand
Und sprach: Ein Bad wird Dich gewiss kurieren
Du musst es einfach mal probieren

So prüfte Gerd mit großem Zeh
den Schlamm – und der tat gar nicht weh
Und langsam glitt er ins Gewässer
Und bald schon ging es ihm viel besser

Seitdem lebt er ganz unverdrossen
Inmitten seiner Artgenossen
Vom Kummer konnt' er sich befrei'n
Denn auch ein Schwein kann glücklich sein.

Die Dusche nutzt jetzt ne Hyäne
Für Körper und für saubre Zähne

Ein Floh

Es war einmal ein Floh
Der lebte ganz inkognito
Auf einem großen Hund
Dort ging's ihm gut – er war gesund

Er liebte sehr des Hundes Haare
„Sein" Hund trug allerbeste Ware
Er wusste nicht des Hundes Rasse
Doch ihm war klar: Sein Pelz war klasse

Er liebte es im Pelz zu wandern
Von einem Hunde-Ende bis zum andern
So ist er ständig auf dem Hund herumgekrochen
Von Schwanz bis Schnauze und zurück in knapp zwei Wochen

Und auf des Hundes Kopf war er besonders gerne
Von hier gelang ein Blick weit in die Ferne
Im Winter wollt er dort mal springen statt zu wandern
Nämlich von einem Ohr zum andern

Doch sprang er zu sehr in die Höhe
Wo ihn der Wind erfasste mit 'ner Böe
Es blies ihn auf den Kopf von Walter
Das war des Hundes alter Halter

Der Floh erkannte voller Schrecken:
Kein Haar tat diesen Kopf bedecken
Verzweifelt dachte da der Floh: Oh Weh,
Trüg er doch wenigstens Toupet

Die Glatze bot ihm keinen Halt
Und abends wurd' ihm furchtbar kalt
So nahm des Flohes Schicksal eine Wende
Denn sein Leben fand ein Ende

Er kroch noch zitternd in ein Ohr
Wo er um Mitternacht erfror
Vom Menschen tief enttäuscht starb so der Floh
Nun ja – das geht ja vielen so

Herzliches

Wer bist Du

(Fragebogen für den Erstkontakt im Internet)

Wüsste gerne wer Du bist
Was Du trinkst und was Du isst
Und ganz wichtig: Wie Du fühlst
Und Du Dein Geschirr abspülst
Hüpfst Du gern auf einem Bein
Liebst Du auch den Sonnenschein
Erkundest Du gern ferne Strände
Tapezierst Du gerne Wände
Möchtest Du den Mond besuchen
Oder lieber Apfelkuchen
Ach, es lässt mir keine Ruh
Diese Frage: Wer bist Du

Kompromiss

Zunächst fand sie er röche streng
Er fand die Zähne stünden ihr zu eng
Es schien, dass sie sich nicht verstünden
Um eine Wir-AG zu gründen

Doch irgendetwas zog sie an
So wechselseitig – Frau und Mann
Sie mochten sich nicht gänzlich trennen
Und spürten bald Gefühle brennen

Und dann fand sich ein Kompromiss
Sie ließ sich richten ihr Gebiss
Und er duscht zehnmal in der Woche
Der Anfang ihrer Glücksepoche

Dein Lächeln

Du legst behutsam mir Dein Lächeln auf die Seele
Und streust den Samen tiefer Liebe in mein Haus
Du lockst das schönste Lied aus meiner Kehle
In meinem frohen Herzen gehst Du ein und aus

In meinem Lebensgarten pflanzt Du den schönsten Baum
Und mischst mit Glück die Farben aller Blüten
Gott gebe unsrer Liebe nun Zeit und Raum
Und auch die Kraft sie immer zu behüten

Ein Hauch von Dir

In meinem Sein war immer schon ein Hauch von Dir
Wie feinster Seelenduft aus rosenzarten Molekülgebinden
Und seit ich das und Dich erspürt' erstrebte ich ein Wir
um unsere Seelen und alles von uns herzlich zu verbinden

In meinem Herzen floss auch immer schon von Deinem Blut
Doch wusst' ich nicht, dass Du mir damit lange schon vor unserer
Zeit
An manchen trüben Tagen Frohsinn schenktest – und den Mut
Mein Leben anzunehmen. Jetzt bin ich für Dich bereit.

Und so spür ich nun endlich Deinem warmen Atem auf meiner
Haut
Und höre Deine Stimme, die tief in mir ein sanftes Beben macht
Mit Melodien aus Worten, die ganz neu sind – und doch
irgendwie vertraut
Dass dieser ganze Mensch in mir mit Seele, Geist und Leib vor
Freude lacht.

Deine Flügel

Lass meine Seele immer nah an Deinem Mut verweilen
Dein Lied der Zuversicht wird meine Angst zerstreuen
Lass meine Zweifel zwischen Deinen Worten heilen
Ich will mein Leben nicht mehr länger scheuen

Mein Glück schien mir verloren in der Ferne
Doch weil mein Schicksal Dir vertraut
Kommt es zurück damit ich lerne
wie man ein Haus aus Liebe baut

Dies Glück will ich mit Dir verschwenden
In einem Haus voll Zärtlichkeit
Ich pflück Dir Rosenblüten von den Wänden
Und web aus Liebeswünschen Dir ein Kleid

Du bist die Hoffnung, die das Leben mir verspricht
Du bist mir Wurzel, Blätter, Stamm und Baum
Denn Deine Augen sehen tief in mir das Licht
Und Deine Flügel tragen meinen großen Traum

Dich als Sonnenstrahl

An dunklen Tagen fühl ich Dich als Sonnenstrahl auf meiner
Haut
Auf grauem Winterfeld bist Du ein Strauß voll Blüten
Als meine liebste Melodie ist mir Dein Lachen längst vertraut
Und wenn die Welt einstürzt, so will ich Dich behüten

Darum will ich das Leben weiter wagen
Und jeden Tag nun, wenn Du magst
Dich tief in meinem Herzen tragen
Weil Du mit Deinen Blicken sagst:

Lass unsrer Herzen Band
uns jeden Tag neu schmücken
Und lass uns gehen Hand in Hand
So wird uns unser Leben glücken

Am Morgen

Ich liebe es so sehr, wenn ich aufwache, weil ein früher
Sonnenstrahl mein Gesicht berührt.
Aber jetzt frage ich mich ob es sein könnte, dass ich es noch
mehr liebte, wenn ich als Erstes am Morgen Dich sähe.
Friedlich schlummernd neben mir.
Und es beschleicht mich eine Ahnung, dass – würdest
Du dann die Augen öffnen und unsere Blicke träfen sich – ich
selbst strahlen würde wie eine Sonne.
Weil Dein Blick meine Seele berührt.

Nähe

Es gibt einen Menschen, dem war ich einst nah
Seit dem Tag, da ich etwas von seiner Seele sah
Doch plötzlich – aus falschen Worten geboren
Schien mir die Nähe für immer verloren

Ich machte mich auf zu allen Orten
Auf der Suche nach erklärenden Worten
So ging ich ans Meer und lauschte den Winden
Und sah nur bei Ebbe das Wasser schwinden

Ich fragte die Sonne beim tiefsten Stand
Doch sie blieb stumm als sie im Meer verschwand
Da fragte ich noch den bleichen Mond
Doch der blieb still und unbewohnt

So fragte ich schließlich sogar die Sterne
Doch die wussten nichts über Nähe, nur über Ferne
Zuletzt fragte ich noch das kleinste Veilchen
Das sagte: Gedulde Dich noch ein Weilchen

Denn wenn Seele Seele findet
Dann bleibt ein Band, das beide verbindet
Drum sei ohne Sorge, das Band ist noch da
Und ganz tief in Euch drin seid ihr immer noch nah

Ich träumte oft

Ich träumte oft in schwarzen Nächten
Dass weiße Schwäne mich auf starken Schwingen
Zu jenen stillen Wassern brächten
Wo Nachtigallen von Dir singen

Ein Lied an dem die hohen Himmel sich berauschen
Das selbst der Sonne Herz noch Wärme schenkt
Und dem auch noch die fernsten Sterne lauschen
Für das der Mond sich gar aus seinen Bahnen lenkt

Im stillen Wasser sucht ich lange
Nach Spuren von Deinem Spiegelbild
Und sah nur immer mich und mir wurd' bange
Wie lange noch die Einsamkeit als mein Begleiter gilt

Die Tage gehen und die Jahre auch
Verpasste ich den rechten Ort, die rechte Stunde?
Die Hoffnung ist nur noch wie zarter Rauch
Im starkem Wind, und immer diese Fragen geh'n aus meinem
Munde

Gibt es Dich irgendwo? Wirst Du einmal mein neues Glück?
Kommt noch der Tag, da sich in Deinen Augen meine Seele
spiegelt
Auf viele leere Jahre blicke ich zurück
Ist denn nur solches Schicksal mir besiegelt?

Wenn wir uns morgen sehen

Ach könnt ich fliegen nur
Ich flöge schon nach morgen
Und würd' von meiner Lebensuhr
Ein wenig Zeit mir borgen

Um Dich früher schon zu sehen
Oder gar schon zu berühren
Nah an Deinem Herzen stehen
Und mit Dir Gespräche führen

Warten muss ich doch bis morgen
Langsam gehen nun die Stunden
Trotzdem bin ich ohne Sorgen
Habe Dich ja schon gefunden

Werden wir das morgen spüren
Dass sich unsre Blicke finden
Unsre Seelen sich berühren
Unsre Herzen sich verbinden

Unser Weg ist noch nicht klar
Wohin mag er uns wohl leiten
Sind wir Freunde - oder doch ein Paar
Welche Wahrheit wird uns bald begleiten

Hinter Nebeln

Was gestern noch klar war
Scheint heute hinter Nebeln verschwommen.
Ist mir das Leben schon wieder in den Händen zerronnen
Das mir die Liebe gerade erst gebar

Warum kann ich nicht fassen und halten
den kostbaren Schatz - das höchste Gut
Bin ich zu arg, oder fehlt mir der Mut
Oder wird mir die Angst noch die Seele spalten

Meine Hand sucht zärtlich Dein Gesicht
Und meine Küsse streicheln Deine Wunden
Sind mir die Augen denn verbunden?
Oder find ich vor Gefühlen die Liebe nicht

Im Regen

Steh nicht im Regen dort am Tor und warte
Am Ende schickst Du ihr gar eine Karte
Dass Du sie liebst - sie soll es wissen!
Den Liebsten hat sie längst gefunden
Und ist längst heiß von andern Küssen
Und Du stehst da mit Deinen Wunden
Und mit gebrochnem Herzen
Im Regen - vor dem Tor
Es ist vorbei
Mach Dir nicht länger etwas vor

Was der Wind flüsterte

Der Wind flüsterte mir zu - es war noch März
Ein neues Glück wächst Dir bald in das Herz
Und bei des Frühlings ersten zarten Sprossen
Ward mir der Keim der Liebe tief ins Blut gegossen

Und suchte Wohnung sich die Wurzeln fest zu schlagen
Um mir bald süße Frucht ins Herz zu tragen
Doch solche Frucht war einem andern längst versprochen
Sein Herz schlug früher schon mit eben solchem Pochen

Mit gleicher Freude - und mit gleichem Leid
Und nun trägt sie für ihn ihr schönstes Frühlingskleid
Ganz wund und leer wurd' da mein Herz
Der Wind - er machte sich mit mir nur einen Scherz

Im Traum

Darf ich Dich im Schlaf erträumen?
Oder werde ich Dich dann
In realer Welt versäumen?
Ob ich es wohl wagen kann?

Würde gern schon von Dir träumen
Bis das Schicksal Dich mir schenkt
Ließ mein Traumherz überschäumen
Bis das Morgenlicht sich senkt

Berühre mich

Berühre mich doch nur für einen Wimpernschlag mit Deiner
Hand
Kaum spürbar wie der Flügelschlag des Schmetterlings
Noch auf Dein kleinstes Lächeln warte ich gespannt
Sei es auch unergründlicher als das der Sphinx

Schenk mir von Deinem Atem nur den kleinsten Hauch
Auch wenn er nicht einmal den Flaum von Pusteblumen trägt
Den kürzesten der Blicke schenk mir auch
Auf das mein Herz wild in mir schlägt

Gib mir die kleinste Deiner Tränen
Ich will sie bergen als einen Edelstein
Bis sich erfüllt mein tiefstes Sehnen
Dann wirst Du endlich bei mir sein

Ich ging am Ufer

Ich ging am Ufer und lauschte den Wellen
Und sah im Wasser silberne Fische schnellen
Ich suchte Gedanken zwischen Muscheln und Steinen
Und einer will mir ganz klar erscheinen

Ich darf mein Herz nur in Liebe verbinden
Aber mit Dir mag ich das Glück
Einer lieben Freundschaft finden

Ich werde es wissen

Wie wohl Dein Haar schimmert im frühen Tageslicht?
Welchen Schatten Du wohl in der Mittagssonne auf den Gehweg
wirfst?
Welche Farbe wohl die warme Abendsonne in Deine Augen legt?
Wie wirst Du duften, dass Blumen Dich beneiden?
Welchen Abdruck wird Dein Fuß im feuchten Sand hinterlassen?
Wie wird Dein Name klingen, wenn ein Kind ihn leise ruft?
Werden Harfe und Flöte Dich um Deine Stimme beneiden?
Ich weiß noch gar nichts von Dir.
Aber ich werde Dich erkennen.
Wenn wir einmal denselben Bus nehmen.
Oder wenn wir eines Tages auf dem Marktplatz
nach demselben roten Apfel greifen.
Ich werde wissen, dass DU es bist!

Band der Liebe

Ich trau mich den Gedanken kaum
Dass sein könnt was ich tief empfunden
War das nicht bloß ein stiller Traum
Dass zart ein Band sich hat gewunden

Von Herz zu Herz - Von Geist zu Geist
Mag mein Gefühl doch bald als Wahrheit gelten
Ich bin so lange schon gereist
In liebesfernen Welten

So lange schon

So lange wart' ich schon auf Dich
Und werd es weiter tun
Mein Hoffen ist noch immer frisch
Und lässt mein Herz nicht ruh'n

Das Glück wird uns noch segnen
Das kann schon morgen sein
Dass wir uns doch begegnen
Im frühen Sonnenschein

Ihr Zweifel

Gott – nimm diese dürre Hand des Zweifels von ihrer Kehle
Und wirf stattdessen einen Zauber über ihre Seele
Dass sie mich wirklich lieben kann
Zeig mir den rechten Ort und sag mir „Wann"

Dass wir uns ganz gewiss wieder begegnen
Bis dahin sollst Du alle ihre Wege segnen
Mach groß mein Herz und meine Augen weit
Für die Erkenntnis mache mich bereit

Dass SIE es ist, nach der ich immer rief
Wenn ich in dunklen Nächten einsam schlief
Gott – wenn sie's ist: Dann lass unsre Seelen sich berühren
Und lass uns wieder Zärtlichkeit und Liebe spüren

Wo bist Du

Vielleicht atmeten wir schon im selben Wind
und spielten schon als Kinder zusammen.
Aber werde ich Dich wiedererkennen?
Vielleicht an Deinem Lachen.
Oder weil Deine Augen einen Ausdruck haben, der mich tief
berührt.
Also werde ich Augen und Ohren weit aufsperren.
Aber sollte ich dann doch gerade in jenem Augenblick
unaufmerksam sein,
Dann zögere nicht mich anzusprechen, um mir zu sagen, dass DU
es bist.

Es gibt sie irgendwo

Es gibt sie irgendwo auf dieser Welt
Die Frau die mir auch noch beim zweiten Blick gefällt
In ihren Augen liegt der Schimmer einer großen Seele
Und ihre leise Stimme weckt in mir die lautesten Gefühle

Mein Herz liest ihre Worte von den Lippen
Und Ihre Tränen sind wie Messer zwischen meinen Rippen
Ihr Mund ist süßer noch als rote Kirschen
Und ich will unentwegt nach ihren Küssen pirschen

Freundschaft finden

Liebe „Freundin" - bin berührt
Weil Dein Wort die Hoffnung schürt
Dass wir eine Freundschaft finden
Die mit Lachen wir umwinden

Und die gerne wir uns schenken
Kann ich mir das Herz verrenken
Wenn ich mich das denken lasse
Irrtum rief mich oft zur Kasse

Und ich fand mich doch allein
Möchte gern ein Freund Dir sein
Weiter denken möchte ich nicht
Schmerz war oft mir bittre Pflicht

Wieder aufzugeben, was die Fantasie erdacht
Hat mich traurig oft gemacht
Meine Fantasie ist groß
Tritt schnell die Lawine los

Mich in Träumen zu verlieren
Will versuchen, das zu spüren
Was das Rechte ist für beide
Dass die Freundschaft nichts erleide

Einst

Wir hielten uns einst verträumt an den Händen
Und ließen unsere Blicke zärtliche Botschaften senden
Wir liebten einander in Wäldern und Wiesen,
und dachten unsere Liebe sei für immer bewiesen.

Doch auch Liebe braucht ein Fundament und ein Dach
Sonst wird sie eines Tages zu schwach.
Und dann kam der Tag, wir war'n nicht bereit
Wir schrieen uns an - und waren entzweit

Die Worte der Liebe gingen verloren.
Wie Fremde haben wir gesprochen
Und aus bösem Wort wurde Feindschaft geboren
Und so haben wir uns die Herzen gebrochen

Dein Schatten

Ich wachte auf
Und Dein Schatten lag noch neben mir
Du bist zu schnell aufgebrochen
Zu schnell geflohen
Und hast zu schnell aufgegeben

Sternenblick

Schaust Du vielleicht wie ich in diesem Augenblick auf einen
Stern
Und fürchtest ebenso wie ich, die Liebe sei unendlich fern
Und sie jemals zu erhoffen sei vielleicht vergebens
Zumindest noch im Laufe dieses Lebens

Könnt es nicht sein, dass wir den falschen Stern betrachten
Vielleicht sind ja in Liebesdingen nicht die Sterne zu beachten
Die uns so fern und unerreichbar scheinen
Vor allem diese winzig kleinen

Könnt es nicht sein, dass wir uns besser hin zur Sonne wenden
Und IHR ab Morgen schon auf ihrem ersten Strahl
Die tiefsten Herzenswünsche senden.
Bis wir die Liebe finden im hellen Himmelssaal

Herbst

Herbst hat Blätter aufgehängt
Farbig leuchtend, hell wie Kerzen
Sehen aus wie bunte Herzen
Die er uns zum Abschied schenkt

Stürme reißen sie bald fort
Still die Wälder, still die Gassen
Sonne fängt an zu verblassen
Und es zieht mich zu dem Ort

Wo ein warmes Feuer brennt
Und mein Herz Dich „Liebste" nennt
Meine Seele kommt zur Ruh
Denn an diesem Ort – bist Du

Von meinem

Von meinem Herzen sei geliebt
Von meinem Lachen sei gegrüßt
Von meinen Lippen sei geküsst
Von meinen Blicken sei verführt
Von meinen Händen zart berührt
Von meinem Denken inspiriert
Von meinem Handeln warm umhüllt
Dass Deine Sehnsucht sich erfüllt

Tief ins Herz

Gieß tief ins Herz mir all Dein Sehnen
Wirf Deinen Atem über mein Geschick
Lass Deine Fragen meinem Herz begegnen
Und schenk auch meiner Sehnsucht einen Blick

Lass uns am Tisch der Hoffnung sitzen
Und uns das Brot der Treue teilen
Mit meinem Fühlen will ich Verse in den Himmel ritzen
Und unter Deinem Regenbogen will ich heilen

Lenk Deine Schritte behutsam durch mein Seelenhaus
Du hast die Schlüssel nun zu allen Räumen
Du führst aus meinen Schatten mich ins Licht hinaus
Und so werd ich erlöst von dunklen Träumen

Dein sanfter Blick ist Königreiche wert
Dein zarter Kuss entfacht mein Brennen
Dein Wort tut gut, weil es mich Liebe lehrt
Und deshalb will ich mich zu Dir bekennen

1000 rote Rosen

Müsst ich Dir schenken 1000 rote Rosen
Sollt ich mich üben in geschickten Posen
Müsste ich tanzen können wie ein Gott
Und wie ein Meister spielen das Fagott
Sollt ich beim Sprechen fein die Lippen spitzen
Und selbst bei 36 Grad nicht einmal ansatzweise schwitzen
Müsst ich beim Speisen gelten als Gourmet
Und wie Picasso malen mit dem großen Zeh
Ach ja, das wäre wirklich wunderbar
Doch würde dann aus uns niemals ein Paar

Ich käm' mit einer Rose nur zu Dir
Und schaute dabei ganz verlegen.
Auch hab ich ein Problem: Ich mag kein Bier
Auch mein Klavierspiel würde Dich wohl kaum erregen
Die Lippen spitzte ich vielleicht zum Kuss
Und käme dabei auch bei Minus 36 Grad ins Schwitzen
Macht Dir das alles viel Verdruss
Doch könnt' ich stundenlang mit Dir am Lagerfeuer sitzen
Vielleicht würde mir dann das rechte Wort gelingen
Das sagt: Ich könnt' mein ganzes Leben nur mit Dir verbringen

Wofür ich Dich lieb habe

Ich hab Dich lieb für Deinen Mut
auf meine Seele zu schauen.

Ich hab Dich lieb für Deine Aufmerksamkeit,
mit der Du oft behutsam meine Gedanken entgegennimmst wie
zerbrechliche Perlen. Um sie vorsichtig wie auf einer Schnur zu
ordnen. Dass ich sogar meine eigenen Gedanken
besser verstehen kann.

Ich hab Dich auch lieb für Deine wunderschönen Augen,
die mir sagen: Sei behutsam mit mir – und lass uns
gemeinsam Freude haben am Leben.

Ich hab Dich auch lieb für Dein Lachen -
oft mädchenhaft-unbeschwert. Das sind Momente,
in denen der „Junge in mir" eine „Schwester" findet.

Ich hab Dich auch lieb für den Augenblick, als Du zum ersten
Mal
meine Hand in Deine genommen hast. Mein Arm war
so dankbar für die kleine Entlastung.

Ich hab Dich auch lieb für Dein Vertrauen, mir von Dir
zu erzählen und mich auf Dein Leben schauen zu lassen.
Dein Vertrauen ist ein ungewöhnlich großes Geschenk.
Und das will ich ganz besonders achten.

Liebst Du mich

Liebst Du mich an Sommertagen
Oder auch bei Mückenplagen
Liebst Du mich auch wenn ich hinke
Oder stark nach Knoblauch stinke

Liebst Du mich an Wintertagen
Oder wirst Du Dich beklagen
Und Dir gleich 'nen andern nehmen
Wenn ich leide an Ekzemen

Liebst Du mich auch wenn ich schwitze
Oder in der Patsche sitze
Liebst Du mich auch bei Migräne
Oder wenn ich ständig gähne

Liebst Du mich auch noch bei Fieber
Oder ist Dir Asthma lieber
Liebst Du mich auch noch mit Glatze
Und wenn ich beim Essen platze

Liebst Du mich auch mit Furunkeln
Oder nur bei Sternenfunkeln
Liebst Du mich auch in der Not
Teilst mit mir das letzte Brot

Liebst Du mich auch ganz bewusst
Bis hinein in den August
Oder ist's im Mai
Vorbei

Ach – es gibt so viele Fragen
Doch noch soll'n sie mich nicht plagen
Weil es erst zu klären bliebe
Ob ich selbst denn DICH auch liebe

Deine Hand

Leg noch einmal Deine Hand in meine.
Wie kühl sie doch ist.
Aber ehrlich. Wie Deine Gefühle.
Keine Lügen mehr.
Eine ehrliche Kühle ist doch wärmer
als ein gelogenes Gefühl.
Nicht kuschelwarm,
aber mit der „Wärme" der Achtung.

Kein Lachen mehr

Hab kein Lachen mehr
Hab es mit Dir verschwendet
Hab keine Träume mehr
Hab sie ganz mit Dir verbraucht
Hab keine Tränen mehr
Hab sie alle für Dich vergossen
Hab keine Hoffnung mehr
Hab sie verloren als ich Dich verlor
Und als mir klar wurde
Das kein Lachen
Kein Traum
Keine Träne
Dich zurückbringen wird

Verbrauchte Gefühle

Liebe zu verschrotten
Wer zahlt den Höchstpreis für verbrauchte Gefühle
Oder doch selbst recyceln
Aus den verbrauchten Resten der Beziehung eine Parkbank
machen
Etwas zum Sitzen haben
Jeder am anderen Ende
Stumm
Letzte Gemeinsamkeit

Oder doch keine Parkbank machen
Lieber stehend im Park noch mal reden
Über die Vergangenheit
Über die besten Erinnerungen
Und Bestandteile sammeln
Von versteckten Gefühlen vielleicht
Für einen Neuanfang vielleicht
Liebe vielleicht

Wenn Du jetzt ausziehst

Dann lass mir noch einen Stuhl für meine müde Seele.
Und lass mir auch noch ein paar von den netten Erinnerungen
im Gefrierfach. Ich werde sie mir an Weihnachten auftauen.
Und zusammen mit dem Lametta aus
ungeweinten Tränen in den Baum hängen.
Vergiss nicht den Kaktus Deiner Mutter.
Er hat mich nie gemocht. Aber es war eine ehrliche
Abneigung. Ohne den Zynismus Deiner Mutter.
Den kleinen Renoir hast Du ja neulich schon mitgenommen.
Wahrscheinlich hast Du jetzt eine Wand an der er sich viel besser
macht als hier.
Und ich hab endlich wieder Platz für Onkel Eduards
selbstgemaltes Ölbild mit Hirsch. Willst Du auch noch die
Schlüssel von meinem Wagen? Schließlich seid ihr zu zweit. Ich
hab ja noch das Monatsticket – für den Bus.
Soll ich Dir Glück wünschen? Ich habe keine Wünsche mehr frei.
Du hast all meine guten Wünsche längst verbraucht. Aber - ich
will es trotzdem versuchen:
Mach's gut!

Längst verloschen

Längst war'n verloschen und verstaubt die Hochzeitskerzen
Da legte sich ganz schwer ein kalter Herbst auf unsre Herzen
Unser Seelen-Haus durchwehte auch im Sommer Grabeskühle
Denn unter längst verblühten Rosen lagen unbeerdigt unsere
Gefühle

Ein dunkles Ahnen hatte lange uns umschlichen
Denn auch die Liebeschwüre waren längst verblichen
Unter der Bank am Fluss - unter den Trauerweiden
Die wir seit unserm letzten langen Kuss seit Jahren meiden

So steh'n wir nun – getrennt – inmitten unsrer beider Leben
Und hoffen, dass wir unser Scheitern uns irgendwann vergeben
Die Zukunft ist nun wieder scharf getrennt in Deine und in meine
So geh nun, weil ich hier noch ein letztes Mal um das Verlorne
weine

Versperrt

Tränenschwere Worte tief in meiner Seele, die mich quälen
Wüsste ich in dieser Stunde doch die richtigen zu wählen
Um das Schicksal doch noch gut zu wenden
Doch zu schwache Worte zerrinnen nur wie Staub in meinen
Händen

Dein Herz ist nun versperrt hinter tausend Gittern
Doch ruf ich Deinen Namen in die leere Nacht mit bangem
Zittern
Und pflanze Deine Blume in meinem Trauergarten
Ich will sie treu bewahren - und auf Dich warten

Die letzten Worte

Verflogen ist Dein Rosenduft
Die Blumensträuße brachen ihr Versprechen
Durch unser Leben eine tiefe Kluft
Um uns darin die Seele zu zerbrechen

Die letzten lieben Worte längst verdorrt
Berührungen erstarrt im Schnee von gestern
Die Liebesschwüre flogen wie die Vögel fort
Aus herbstlich kalt umwehten Nestern

Das Haus verlassen, leer
Die großen Wolken tragen schwarze Ränder
Die Luft ist grau und abschiedsschwer
An kahlen Bäumen wehen Liebestrauer-Bänder

Es ist verloren und vorbei
Und kommt nie mehr zurück
Die Hoffnung bleibt ein stummer Schrei
Nach dem verlornen Glück

Liebesende

Unsre Seelen lösen sich mit stummem Schrei
Und grausam geht ein kalter Wind mit lautem Schritt vorbei
Den letzten Funken Hoffnung sucht er noch mit kalten Blicken
Um ihn mit Macht und ganz gewiss für immer zu ersticken

Dann weht er mir verdorrte Blüten in die Brust
Und mein vergeblich Hoffen ist ihm tiefe Lust
Denn diese Saat ist tot und keimt nicht neues Glück
So steh ich nackt und bleibe hinter meinem Leben weit zurück

Ein letztes Mal

Ein letztes Mal nimm meine Hand
Und schenke mir noch mal Dein Lachen
Ich spürte Deine Seele der meinigen verwandt
Und dieses Glück will ich ganz tief in mir bewachen

Kurz war der Weg, den wir zusammen gingen
In Dunkelheit und Licht - in unbekanntem Land
Und unter Bäumen, in denen Frühlingslüfte sich verfingen
Fast schien es, als wob der frühe Frühling uns ein zartes Band

Gern denke ich zurück an diese Stunden
An manche Blicke, Berührungen und Zärtlichkeit
Ich konnte auch von Deiner Seele ein kleines Stück erkunden
Das machte mir das Herz ganz froh und weit

Wir konnten manch vertrautes Wort uns schenken.
Und gingen manchmal Hand in Hand
Warst Du nicht da, musste ich sehr oft an Dich denken
Dein unbeschwertes Lachen war mir ganz tief ins Herz gebrannt

Es schien, als hätten wir den rechten Weg genommen
Es schien als seien die Gefühle in Balance
Doch das Vertrauen war plötzlich uns zerronnen
Und so verlor'n wir diese Chance

Könnte ich zaubern und gar den Mond aus seinen Bahnen lenken
Dann drehte ich entschlossen unser Zeitenrad zurück
Und würde uns noch ein paar Augenblicke schenken
Von dieser Zeit voll Lachen und voll sanftem Glück

Nun geh - ich lasse Dich - und finde Deinen neuen Weg
Auf dem mein Fuß nicht länger neben Deinem schreitet
Ich sitze noch am See der Sehnsucht - auf einem alten Steg
Auf dem der Abend mir ein Bett aus Traurigkeit bereitet

Ein neuer Weggefährte wird Dich finden
Und er mag besser wissen, wie der Weg mit Dir zu gehen ist
Und so wird langsam auch mein Bild in Dir verschwinden
Doch sei ein letztes Mal für diese kurze schöne Zeit geküsst

Bisher erschienene Bücher/Bildbände von Hans Jürgen Sittig:

Weite des Nordlichts – Lappland, 1989 Rombach - Freiburg

Des Menschen Seele gleicht dem Wasser, 1991 ars edition - München

Zwischen Schatten und Licht, 1991 Kiefel - Wuppertal

Schweden - Wasser Wälder Weite, 1993 Umschau - Frankfurt

In der Stille wächst die Kraft, 1994 Groh - Wörthsee

Hiljaisuudessa kasvaa voima, 1995 Sley-Kirjat - Helsinki

Finnland, 1995 Stürtz -Würzburg

Skandinavien - Weite Welt des Nordens, 1995 Belser - Stuttgart

Schweden - Wasser Wälder Weite, 1997 Bechtermünz - Augsburg

Skandinavien - Weite Welt des Nordens, 2005 u. 2007 Weltbild - Augsburg

(Fettdruck: Originalausgaben, Normal: Nachdrucke/weitere Auflagen)

Eine Inspiration für ein eigenes Gedicht?
Halten Sie den Gedanken und die Worte gleich fest:

....
....
....
....
....
....
....
....
....
....
....
....
....
....
....
....
....
....
....
....
....
....
....
....
....
....
....
....
....
....
....
....